ANSIA

Sconfiggi L'ansia, E Fobie E Lo Stress
Naturalmente

(Mettete Fine All'ansia Sociale, Allo Stress E Alla
Depressione E Fuggite Oggi)

Celio Luca

Traduzione di Daniel Heath

© **Celio Luca**

Todos os direitos reservados

Ansia: Sconfiggi L'ansia, E Fobie E Lo Stress Naturalmente
(*Mettete Fine All'ansia Sociale, Allo Stress E Alla
Depressione E Fuggite Oggi*)

ISBN 978-1-989808-83-2

TERMINI E CONDIZIONI

INDICE

Parte 1

Introduzione

Voglio ringraziarvi e complimentarmi con voi per aver scaricato il libro.

Oggi è un mondo moderno e frenetico in cui ogni giorno è pieno di richieste e scadenze da rispettare. Abbiamo molti impegni da rispettare e una grande responsabilità che ci assumiamo, soprattutto nei settori professionali, che con il passare dei giorni stanno diventando sempre più competitivi.

Non sorprende, quindi, che molte persone si sentano piuttosto ansiose quando affrontano una situazione che potrebbe potenzialmente minacciarle. Lo stress arriva in varie forme a persone diverse - un colloquio di lavoro per uno studente universitario neolaureato, un appuntamento al buio per qualcuno che non esce molto, una scadenza per mostrare la presentazione davvero dura da fare di fronte a tutto il Consiglio dei Direttori, ecc. In queste situazioni, è normale sentirsi ansiosi, preoccupati e anche un po' stressati.

Tuttavia, se le tue preoccupazioni sono costanti, cioè, non vanno via una volta che la situazione stressante si è conclusa, o ti stai preoccupando di qualcosa che in realtà non dà così tanto stress - c'è una grande possibilità che stai lottando con un disturbo d'ansia. Questo tipo di stress interferisce con la qualità della tua vita quotidiana e non ti permette di riposare; è il tipo di stress e preoccupazione che attraversa i confini delle preoccupazioni quotidiane nella paura attiva che inizia a travolgere la tua routine quotidiana fino al punto in cui non riesci a lavorare e rispettare i tuoi impegni.

Ma hey! Non è la fine! I disturbi d'ansia sono di forme e dimensioni diverse, ma non significano la fine della tua vita, come tu sai! Come ogni altra malattia fisica, anche i problemi mentali sono facilmente risolvibili: tutto ciò di cui hai bisogno è un po' di pazienza e maturità per capire con che cosa hai a che fare e le diverse opzioni di trattamento disponibili. Una volta che sai di cosa sei afflitto, puoi facilmente prendere le misure necessarie per riprendere il controllo della tua vita.

In questo libro, studieremo con precisione cos'è l'ansia, quali sono i diversi tipi di ansia e come si può superare l'ansia impiegando sia metodi professionali che di auto-aiuto. Vedremo alcune soluzioni pratiche e in tempo reale che puoi praticare da solo, per aumentare qualsiasi aiuto professionale di cui potresti avvalerti!

Grazie ancora per aver scaricato questo libro, spero che ti piaccia!

Capitolo 1: Ansia - Una Panoramica

Come ho detto, un disturbo d'ansia è qualcosa che non va preso alla leggera. Può causare una serie di problemi e influire negativamente sulla qualità della vita; può anche causare altri problemi di salute fisica se non trattato correttamente.

Cos'è l'Ansia?

Quindi prima di pensare a ricevere cure per l'ansia, prima cerca di capire cos'è l'ansia.

L'ansia, definita in senso medico, è la risposta naturale del corpo al pericolo; quando ti senti minacciato da una situazione, il tuo corpo risponde automaticamente con un picco di adrenalina che ti fa battere il cuore e sudare le mani. Ora, questo tipo di paura, su base normale, giorno per giorno, sotto controllo, in realtà non è una cosa negativa. Un'ansia moderata può essere d'aiuto: affina i tuoi sensi, ti mantiene concentrato e ti motiva a fare le cose.

Tuttavia, quando questa ansia si traduce in un panico debilitante o in un senso opprimente di paura di cose che le persone non affronterebbero - ecco quando le cose vanno male. Questo tipo di ansia non è un'ansia funzionale produttiva in alcun modo: è un disturbo che deve essere trattato come qualsiasi altro disturbo fisico.

Come identificare l'ansia

Un disturbo d'ansia è molto diverso dallo stress normale indotto da una vita frenetica. Questo non vuol dire che tale stress non abbia effetti avversi; solo che un disturbo d'ansia è un problema molto più pronunciato - è una versione ingrandita di questo stress che può causare un'interruzione nella routine quotidiana al punto di essere, non solo improduttiva, ma completamente controproducente!

Ecco alcune domande a cui puoi rispondere per identificare se sei afflitto da un disturbo d'ansia:

• Quanto spesso sei teso, preoccupato o spaventato?

• Questa paura interferisce con la capacità di svolgere le tue attività quotidiane di lavoro, scuola e simili?

• Quante volte affronti paure che sai essere irrazionali, ma non riesci proprio a far cadere?

• Le cose devono essere fatte in modo esatto e particolare per te? Credi che fallirai o sentirai la debilitante paura al pensiero che non venga fatta alle tue condizioni?

• Finisci per evitare le attività quotidiane nella vita - come andare in un bar con gli amici o uscire in pubblico - perché ti causano paura o preoccupazione acuta?

• Hai quei momenti improvvisi in cui il tuo cuore inizia a battere nel panico totale e hai difficoltà a respirare?

• Ti senti come se la tua vita stesse andando fuori controllo e ti piacerebbe stare a letto tutto il giorno, semplicemente perché è l'unico posto sicuro che conosci senza alcun tipo di paura?

Se le risposte a tutte le domande sopra riportate sono positive, è molto probabile che tu soffra di un disturbo d'ansia. Ricorda, ci sono un certo numero di disturbi, ognuno con i propri problemi specifici, anche se si sovrappongono tutti e, in generale, devastano il tuo sistema. È meglio consultare un medico abilitato prima di tentare di trattare te stesso - è necessario identificare di quale tipo di ansia soffri prima di poterla correggere.

Segni e Sintomi dei Disturbi d'Ansia

Il problema con l'ansia è che sembra diverso su ogni persona. Proprio come tutti noi abbiamo le nostre personalità uniche e individuali, allo stesso modo le nostre serie di trigger sono estremamente diverse - dove una persona potrebbe avere un attacco di panico casuale nel mezzo di una folla, un'altra potrebbe soffrire di una debilitante paura di guidare. L'ansia si presenta in diversi aspetti, forme e dimensioni - come con qualsiasi disturbo mentale, è personalizzata per adattarsi all'individuo.

Ora, anche se questo problema rende difficile classificare l'ansia e identificarla, tutti i disturbi d'ansia hanno una caratteristica costante: l'esistenza e la persistenza di una paura grave in una situazione in cui una persona senza ansia non si sentirebbe minacciata.

Questi sintomi di ansia sono sia emotivi che fisici. Uno dei principali problemi con la maggior parte dei disturbi mentali, in particolare l'ansia, è che le persone tendono a liquidarli come se fossero troppo sensibili. Il fatto è che la persona non è sensibile; stanno avendo una reazione umana molto reale a qualcosa che causa loro dolore. Non è diverso dal calpestare una spina e volere liberarsi del dolore al piede, solo che è un tipo invisibile di dolore che la maggior parte delle persone non comprende.

Il disagio emotivo si traduce in sintomi fisici; più una persona è afflitta emotivamente, più i sintomi fisici peggiorano. Questo perché il tuo corpo risponde alla paura molto reale che stai provando - sta provocando la tua risposta di attacco o fuga e sei bloccato in uno stato fisiologico che può essere terrificante se non capisci cosa stai passando.

Dai una rapida occhiata ai diversi tipi di sintomi che potresti riscontrare in questa sezione:

Sintomi Emotivi dell'Ansia

L'ansia è, in gran parte, un problema emotivo e mentale. La causa dell'ansia di una persona è specifica per quella persona - alcune persone possono diventare ansiose a causa di un trauma improvviso, e altre possono sviluppare ansia per anni di abbandono o abuso emotivo e alcune potrebbero non essere nemmeno in grado di identificare il motivo per cui sono così ansiose.

In ogni caso, questi sono generalmente i sentimenti che affliggono la maggior parte delle persone con disturbi d'ansia:

• Una paura costante e/o irrazionale di una situazione che non minaccia la maggior parte delle persone
• Difficoltà a concentrarsi su un problema
• Sensazione di nervosismo ed irritabilità
• Previsione costante dello scenario peggiore
• Irritabilità e irrequietezza

- Una sensazione che la tua mente è completamente vuota

Tieni presente che non devi soffrire di tutti i sintomi e che questi cambiano da persona a persona - persone diverse la sperimentano in modo diverso.

Sintomi Fisici dell'Ansia

Come ho detto, l'ansia può essere un problema emotivo, ma provoca anche un netto conforto fisico. Più ti senti ansioso, più il tuo corpo risponde: viene presentata una vasta gamma di sintomi fisiologici, dalle mani sudate agli attacchi di panico in piena regola.

Ecco alcuni dei sintomi fisici più comuni di ansia:

Palpitazioni

- Sudorazione eccessiva
- Nausea o mal di stomaco
- Vertigini
- Minzione ripetuta, forse anche diarrea
- Difficoltà respiratoria e fiato corto
- Tremore o agitazione
- Tensione muscolare
- Cefalee frequenti
- Insonnia
- Affaticamento costante

Ancora una volta, i sintomi cambiano da persona a persona e tu puoi o non puoi sperimentarli tutti.

In che modo l'Ansia è correlata alla Depressione?

Se si guardano le statistiche e i profili dei pazienti, la maggior parte delle persone che hanno disturbi d'ansia hanno anche la depressione. Potrebbe essere solo una lieve forma di depressione, ma sicuramente riportano di essere depressi in un momento o nell'altro della loro vita. I medici credono che ciò avvenga perché sia la depressione che l'ansia avvengono a causa della stessa vulnerabilità biologica che le persone hanno.

Consentitemi di spiegarlo in modo semplice. Immagina - ogni giorno, si ha sempre più paura delle cose più comuni, come uscire in pubblico. Più ti senti spaventato, più le cose peggiorano; il tuo senso dell'io prende un duro pestaggio perché non puoi svolgere le attività più elementari che fanno tutti i tuoi amici e la tua famiglia. I tuoi livelli di fiducia e l'auto-percezione sono ripetutamente colpiti, portando a un senso di sé frammentato.

Questo problema è aggravato da persone ben intenzionate che respingono queste paure come irrazionali e ti dicono "di superarle" o di "smettere di essere un bambino". Dicono bene, ma poiché non capiscono che l'ansia è un disturbo molto reale, tendono a farti sentire peggio di te stesso per aver passato questo problema - lo invalidano e lo fanno apparire come le cose più stupide che, quando tu stanno già lottando, possono peggiorare le cose.

C'è quindi da meravigliarsi se si diventa depressi? Non tutte le vittime di ansia patiscono la depressione, ma la maggior parte delle vittime riferisce di essere depressa ed è facile capire perché. La depressione rende l'ansia peggiore, per l'avvio; va anche il contrario. Una persona depressa può sviluppare disturbi d'ansia dopo che cadono nel buco nero - in entrambi i casi; è necessario un trattamento, come se si trattasse di qualsiasi altra normale malattia fisica.

Capitolo 2: Tipi di Disturbi d'Ansia e loro Risultati

Come ho già detto in precedenza, l'ansia arriva in molte forme e tipi diversi. Ogni persona mostrerà un diverso insieme di sintomi, causato dalle loro diverse personalità, situazioni e ambienti; ed è per questo che può essere difficile individuare la loro ansia. Tuttavia, parlando in generale, ci sono sei categorie di ansia - guardiamole una per una.

Disturbo d'Ansia Generalizzato (DAG)

Questo è, forse, il tipo più difficile da diagnosticare, nonostante sia il tipo più basilare di ansia. A differenza del DPTS o di una fobia, le vittime del GAD in genere non hanno trigger evidenti - soffrono di un persistente sentimento di paura, che vivono ogni giorno in uno stato problematico.

Queste persone vengono spesso congedate come continue preoccupazioni - si sentono ansiose, quasi sempre, privi di senso dato che si sentono in quel modo. Sentono costantemente che qualcosa di brutto sta per accadere, il che è aggravato dal fatto che le persone intorno a loro non li prendono sul serio.

Questo tipo di ansia si presenta fisicamente più spesso sotto forma di insonnia: probabilmente non riesci a dormire perché la tua mente non si spegne e ti senti completamente irrequieto, nonostante sei completamente esausto. I sintomi fisici possono includere anche disturbi di stomaco, nausea, stanchezza e irrequietezza.

Disturbi da Attacco di Panico

Un disturbo da attacco di panico è un tipo di ansia caratterizzato da attacchi di panico casuali, ma ripetuti, accompagnato da una paura travolgente di quando sarà il prossimo attacco. Fondamentalmente, questo è quando passi attacchi di panico e hai paura di averli in qualsiasi momento - in altre parole hai paura di avere paura.

Ora, i motivi per cui hai questi attacchi di panico potrebbero essere correlati a un altro tipo di ansia. Ad esempio, potresti avere una fobia, come l'agorafobia, che è la paura di trovarsi in un posto affollato o nuovo. In una situazione del genere, hai paura non solo del nuovo posto, ma anche di quella stessa paura, il che rende tanto più probabile un attacco di panico.

I sintomi fisici sono generalmente uguali a quelli di un normale attacco di panico, a parte i sintomi di ansia generale come le mani sudate e il battito del cuore.

Disturbo Ossessivo-Compulsivo (DOC)

A differenza dei precedenti due, questo è altamente specifico, il che rende più facile la diagnosi e, quindi, il trattamento. Il DOC è il tipo di ansia caratterizzato da pensieri di comportamenti che non puoi controllare ma sono molto specifici. Probabilmente sei turbato da una sorta di ossessione che ti fa costantemente preoccupare e avere paura.

Ad esempio, potresti temere di aver dimenticato di spegnere il forno - mentre questo potrebbe sembrare sciocco, per le persone con disturbo ossessivo compulsivo, potrebbe trasformarsi in una paura debilitante che il forno ancora in funzione possa ferire qualcuno o causare danni. Queste persone devono fare le cose in un certo modo, o ciò le lascerà terrorizzate e probabilmente ad affrontare un attacco di panico.

Potresti anche avere queste compulsioni che non puoi controllare, come il desiderio di lavarti costantemente le mani - sei terrorizzato dai germi e sei assolutamente meticoloso nel tenere i palmi puliti, così ripetutamente li lavi, non importa quanto siano puliti di quanto lo sono già.

FOBIE

Di nuovo, le fobie sono di natura molto specifica e sono più facili da diagnosticare. Fobia significa paura di un oggetto, una situazione, un ambiente o un'attività molto specifici che ti stressano ogni volta che ci pensi. Ciò passa inosservato per la maggior parte del tempo poiché la maggior parte delle persone ha una lieve paura delle fobie generalmente viste: paura dell'altezza, paura della morte, paura degli animali come serpenti e ragni, ecc. Ecc.
Tuttavia, quando queste paure comuni diventano debilitanti e iniziano ad inabilitare la tua routine quotidiana, è allora che rientrano nella categoria della fobia. Ad esempio, la claustrofobia è una forma di ansia in cui non si può sopportare di trovarsi in spazi chiusi - piccoli spazi ti fanno sentire in preda al panico e potrebbero persino causare un attacco di panico.

Le fobie gravi devono essere trattate - potresti pensare che evitare la cosa o il posto o la situazione che ti provoca paura, l'hai fuggita. Non; invece, l'hai solo rafforzata, perché senza alcun tipo di esposizione, ne hai ancora più paura e quando finisci inevitabilmente per affrontarla, avrai un attacco in piena regola che ti lascerà inabile. Il trattamento per le fobie aiuta sicuramente in questi casi.

Disturbo da Ansia Sociale

Questo è un tipo di ansia che sta guadagnando sempre più importanza tra i giovani di oggi. Per dirla in modo semplice, l'ansia sociale è quando sei terrorizzato dall'essere visto in modo negativo o essere umiliato dagli altri in pubblico. Ovviamente, la maggior parte degli adolescenti passa una qualche forma di essa o l'altra durante i loro anni formativi, ma quando questa paura ti lascia incapace di relazionarti con qualcuno e ti evita del tutto l'interazione sociale, diventa un disturbo che deve essere trattato.

Il problema con l'ansia sociale è che è difficile da diagnosticare - la maggior parte delle persone non lo riconoscono come ansia, respingendolo invece come estrema timidezza o natura introversa della persona. Mentre è vero che molte persone socialmente ansiose sono introverse, c'è una linea molto sottile tra introversione e ansia. Gli introversi non evitano le situazioni sociali per paura di essere giudicati o umiliati: scelgono di essere soli perché preferiscono la solitudine, non per paura, ma semplicemente perché amano essere soli.

L'ansia sociale, d'altra parte, può essere descritta come una versione estrema della pressione dei coetanei, in cui si è costantemente preoccupati di guardare ed essere di fronte alle persone. Tendi a sminuire il tuo valore e a diventare irrazionalmente spaventato dal fatto che una persona ti giudicherà in base a cose semplici come parlare troppo o non dire la cosa giusta, ecc. Ecc. Non vuoi sembrare stupido di fronte a loro e, di conseguenza, eviti del tutto il contatto sociale, lasciandoti completamente depresso e solo.

L'ansia sociale si presenta spesso come ansia da prestazione, come lo spavento da palcoscenico estremo. I sintomi fisici sono simili a quelli dei disturbi d'ansia generalizzati, in cui non si è in grado di interagire con le persone a causa della propria paura.

Disturbo Post-Traumatico da Stress (DPTS)

Questa è la forma di ansia più conosciuta e accettata. A differenza degli altri tipi, le persone tendono ad essere più solidali con le vittime del DPTS, forse perché ha più senso per le vittime del DPTS, e non è normale che le vittime affette da GAD o DOC abbiano ansia. Come suggerisce il nome, questo tipo di ansia si manifesta in persone che hanno subito un grave trauma di qualche tipo - forse guerra, stupro e forse un attacco alle loro vite, ecc.

Per divagare un po' - il DPTS è evidente perchè la maggior parte delle persone, incapaci di comprendere i disturbi d'ansia, si aspettano che le vittime siano ansiose dopo un'esperienza improvvisa pericolosa per la vita. Tuttavia, l'ansia potrebbe non funzionare sempre in questo modo; il DOC, il DAG e altri si sviluppano in un periodo di tempo in cui non ti rendi conto che la tua paura sta crescendo, anche se non ha motivo di farlo. Questo è, forse, uno dei motivi per cui altri tipi di ansia sono più difficili da diagnosticare - il DPTS è più facile, semplicemente perché è il risultato diretto di un evento traumatico.

La maggior parte delle vittime da DPTS hanno dei trigger che possono causare loro flashback del loro trauma. Gli incubi e gli attacchi di panico circa l'evento sono estremamente comuni; hai sentito abbastanza storie su soldati che sono più vigili in pubblico, che finiscono per attaccare civili a caso perché stanno vivendo un flashback. Sono facilmente spaventabili, si ritirano in se stessi e cercano costantemente di evitare situazioni che possano indurre loro un flashback.

Come con tutti i disturbi d'ansia, il DPTS può essere facilmente curato, anche se richiede un aiuto medico e professionale.

Sintomi di un Attacco di Panico

Gli attacchi di panico sono i modi più comuni per identificare che una persona soffre di un disturbo d'ansia; tuttavia, se sono arrivati fino al punto di avere un attacco in piena regola, significa che hanno bisogno di aiuto il prima possibile.

Gli attacchi tendono ad accadere molto improvvisamente, senza pensare a quando e dove sei. Di solito, c'è una sorta di trigger; può essere ovvio, come un suono forte nelle vicinanze di un soldato affetto da PTSD che innesca un flashback di arma da fuoco. Ma in molte occasioni, hai un attacco dal nulla, senza motivo o ragione.

Gli attacchi di panico di solito durano circa 10 minuti, anche se possono durare più a lungo. Raramente si estendono oltre i 30 minuti, ma anche un periodo così breve ha un costo su di te, sia fisicamente che mentalmente. Ti senti come se stessi per morire e/o che non hai il controllo su nulla. I sintomi fisici sono così gravi che molte persone tendono a pensare invece di avere un infarto:

• Senso travolgente di paura e panico

- Terrore di perdere il controllo e impazzire
- Palpitazioni; dolore al petto
- Assenza di respiro al punto che ti senti svenire
- Sensazioni di soffocamento e nausea o vertigini
- Vampate di calore o brividi
- Crampi allo stomaco
- Sensazione di intorpidimento, distacco o irreale
- Tremiti e scuotimenti di tutto il corpo

Ancora una volta, ricorda, potresti non sperimentare tutti i sintomi. Se stai avendo un attacco di panico, devi cercare di ricevere aiuto - se inizi a evitare situazioni o luoghi perché questo innesca attacchi regolari e ripetuti, è sicuramente il momento di rivolgersi a qualcuno per chiedere aiuto!

Superare un Attacco d'Ansia

Ricevere aiuto per un disturbo può accadere solo se riesci ad avere un attacco di panico senza svenire. Non è facile, e per qualcuno che non sa di essere vittima di ansia, può sembrare che stai morendo. Ecco come superare un attacco di panico:

• Accetta di avere un attacco di panico. Un sacco di persone commettono l'errore di provare a eliminare l'attacco - questo è impossibile e lo peggiorerà soltanto. Un attacco di panico è la risposta fisiologica del tuo corpo alla tua paura; deve fare il suo corso, il che significa che è necessario accettarlo per poterlo superare in sicurezza.

• Respirare durante l'attacco. C'è un motivo per cui le persone raccomandano di respirare profondamente per liberarsi dallo stress; più profondamente respiri, più l'ossigeno fluisce verso il tuo cervello, aiutandoti a superare l'attacco. Un altro trucco è quello avere un andamento respiratorio - contare fino a tre e inspirare, tenere per tre e poi espirare per altre tre. Il conteggio e gli schemi distraggono la tua attenzione dalla paura, rendendo così il tuo panico via via lento.

• Parla a te stesso. Quando accetti di avere un attacco, dillo ad alta voce - sii il tuo consigliere in questo momento e chiamati dicendo che ti senti che stai per cadere. Cerca di pensare razionalmente e spiegare le cose a te stesso; per esempio, svieni quando la pressione sanguigna scende, cosa che in realtà non si verifica in un attacco di panico. Ciò significa che non hai intenzione di svenire, non importa quanto ci assomiglia. Parlare con te stesso ti motiva e ti aiuta a tornare dopo che l'attacco finisce.

• Fai un elenco di tutte le sensazioni fisiche che senti - il distacco e il senso di intorpidimento inizieranno lentamente a svanire. Muovi le tue membra, fletti le dita e cerca di concentrarti su una particolare parte del tuo corpo mentre ti muovi. Questa distrazione aiuterà la tua paura a svanire lentamente e il tuo senso del tuo corpo ti riporterà in te stesso.

Il trucco per superare un attacco è di distrarre il cervello dalla paura e lasciare che la risposta di attacco o fuga si plachi. Non puoi semplicemente allontanarlo o fingere che non stia succedendo; è necessario accettare e passarlo, a seguito del quale è necessario trovare aiuto.

Capitolo 3: Combattere l'Ansia - Aiuto Medico e Professionale

Quindi ecco la buona notizia dopo tutto quella scarica di informazioni - i disturbi d'ansia possono essere curati! Quando ti rivolgi a un medico per ricevere aiuto, ti sottoporrà a un regime terapeutico che ti aiuterà a gestire l'ansia fino al punto di poter tornare a funzionare bene! Puoi prendere il controllo della tua vita.

Aiuto professionale per i disturbi d'ansia

Quando ti rivolgi a un medico certificato per ricevere aiuto, ti sottoporrà spesso a diversi tipi di sessioni terapeutiche per aiutarti a superare l'ansia:

• Terapia e consulenza professionale: questo è il tipo più comune di assistenza medica, generalmente utilizzato per il trattamento del GAD. A volte, tutto ciò di cui hai veramente bisogno è che qualcuno ascolti realmente le tue paure, le convalidi e poi le elabori una per una con la logica, che è esattamente ciò che aiuta a fare la consulenza professionale.

• Terapia cognitivo-comportamentale - Il nome di fantasia è solo una distrazione dalla semplice funzione che svolge. È una versione intensificata della consulenza professionale; questo tipo di terapia ti aiuta a identificare ciò che ti spaventa così tanto, ti fa identificare i modelli negativi dei tuoi pensieri e poi ti aiuta ad affrontare le paure irrazionali con una calma logica.

• Terapia di Esposizione - Come suggerisce il nome, sei costantemente esposto alla situazione o alla cosa che temi. La logica dietro è che più affronti la tua paura, meno diventa spaventosa; poiché capisci che puoi affrontare la paura senza essere danneggiato, la tua ansia inizia a diminuire. Ovviamente, deve essere eseguita in un ambiente sicuro e controllato sotto la supervisione di un professionista esperto, oppure può andare terribilmente male.

Dei tre, è il primo (Terapia e consulenza professionale) che si concentra sul perché provi ciò che senti. Il comportamento cognitivo e la terapia espositiva sono più orientati verso la correzione del comportamento rispetto alla questione psicologica di fondo. Questo è il motivo per cui vengono raramente intrapresi senza un'adeguata consulenza professionale; devi essere sottoposto a entrambi per essere in grado di superare completamente l'ansia.

Combattere l'ansia con i farmaci

I medicinali anti-ansia sono spesso prescritti dagli psichiatri, ma tendono ad essere un'arma a doppio taglio. Poiché la depressione di solito va di pari passo con l'ansia, molte persone assumono sia antidepressivi che ansiolitici, e la combinazione dei due potrebbe devastare un sistema già debole.

Questo è il motivo per cui non dovresti assumere medicinali senza il consiglio di un medico appropriato. Per alcune persone, questi medicinali sono un must, in quanto le aiutano a funzionare correttamente mentre risolvono i loro problemi psicologici alla radice. Ma gli ansiolitici possono causare una miriade di altri problemi; la dipendenza da loro potrebbe causare dipendenze e altri effetti collaterali sul tuo corpo.

Questo è il motivo per cui non possono essere una soluzione a lungo termine - per questo, è necessario affrontare la causa sottostante. I tradizionali medicinali anti-ansia sono le benzodiazepine: sono tranquillanti che rallentano il sistema nervoso centrale, il che significa che riducono la paura che senti.

Le benzodiazepine sono in genere ad azione rapida (da 30 minuti a un'ora per portare sollievo), motivo per cui vengono spesso utilizzate per calmare una persona dopo un attacco di panico. I più comuni sono Xanax, Valium, Ativan e simili, facilmente disponibili e comunemente molto usati. Danno dipendenza e causano una serie di effetti collaterali sulle persone: sonnolenza eccessiva, sensazione di nebbia, mancanza di coordinazione fisica, ecc. Maggiore è la dose assunta, peggiori diventano questi effetti.

Questi farmaci vengono metabolizzati lentamente; questo significa che più li usi, più si accumulano nel tuo corpo. L'oversedazione, come viene chiamata la situazione, è ovviamente dannosa per la salute; può diventare tossica se lasciata senza controllo.

Come puoi vedere, prendere le medicine per alleviare la tua ansia è una cattiva idea, specialmente per un lungo periodo di tempo. Consulta il tuo medico e terapeuta e assicurati di aver compreso tutti gli effetti collaterali prima di buttarti: usa questi medicinali per aumentare la cura, non come cura totale.

La tua ansia è psicologica o fisiologica?
A volte, la causa principale dell'ansia si può trovare nel corpo stesso. Mentre molte persone affrontano l'ansia a causa di un problema psicologico alla radice - come un trauma improvviso o un forte abuso emotivo - alcune persone possono affrontare l'ansia come risultato di qualche problema nel loro corpo.

Ad esempio, la ricerca mostra che avere un piccolo tumore nella ghiandola pituitaria - un microadema, come viene chiamato - può causare apatia, ansia, irrequietezza emotiva, ecc. Certamente, perché sviluppi in un vero e proprio disturbo d'ansia, c'è probabilmente un'altra radice, una causa psicologica, ma il tumore gioca sicuramente nella situazione.

Allo stesso modo, condizioni come l'ipoglicemia, l'asma, i problemi alla tiroide, ecc., possono causare ansia. Alcuni farmaci e alcuni integratori possono anche generare ansia. Vuoi assicurarti che i tuoi problemi non siano causati da nessuno di questi.

Consulta un medico e un terapista e fai un controllo medico completo. Escludi tutte queste possibilità e poi, se hai ancora problemi di ansia e attacchi, vai a cercare un aiuto professionale. Cura l'ansia come faresti con qualsiasi malattia normale; solo perché è nella tua testa, non significa che non sia reale!

In definitiva, ricorda, l'ansia può essere gestita attraverso una combinazione di aiuto professionale e cura di sé; nella prossima sezione, vedremo come si può essere proattivi nella capacità di gestire la propria ansia.

Capitolo 4: Combattere l'Ansia - Auto Aiuto e Cura Personale

L'ansia, nel suo complesso, può essere gestita senza l'aiuto di farmaci o medicinali, apportando alcune modifiche al tuo stile di vita e allenandoti mentalmente. La cura di sé è una parte enorme della gestione dell'ansia; puoi prenderti cura di te stesso e aiutarti a superarla.

Combattere l'ansia attraverso i cambiamenti dello stile di vita

Puoi cambiare un paio di cose nella tua vita quotidiana per aiutarti a gestire l'ansia. Indipendentemente dalla possibilità che tu non abbia un disturbo d'ansia completo, queste progressioni ti aiuteranno a vivere una vita migliore, meno stressata e più sana.

SONNO

La maggior parte delle persone soffre di insonnia quando ha l'ansia. Ciò fa peggiorare le cose perché sei stanco, stanco per mancanza di sonno e tuttavia non riesci a dormire quando ti sdrai. Sembra contrario, ma devi dormire - è un circolo vizioso. Meno dormi, più ti senti stanco, più sei ansioso e ancor meno dormi la notte successiva.

Il trucco è prepararsi attivamente per dormire; spegnere tutti gli schermi come TV, tablet, telefoni, ecc. almeno un'ora prima di andare a dormire. La radiazione non lascerà riposare il tuo cervello. Inoltre - avere un'ora di sonno designata. Andare presto a letto e alzarsi presto non è un cliché per niente; fa miracoli. Allenati la sera in modo da stancare fisicamente il tuo corpo fino al punto di addormentarti non appena la tua testa si butta sul cuscino.

Conta le pecore; funziona! Ascolta musica soft, respira profondamente e conta: prova tutto il possibile per dormire. Più dormi, meglio ti senti. Non provare però a medicinali per dormire; di nuovo, creano dipendenza e il tuo corpo aumenta la tolleranza molto rapidamente, rendendoli inefficaci e tossici dopo un certo punto!

Tecniche di respirazione (dello Yoga e Altre) per aiutare a ridurre il panico

Fare yoga è un ottimo modo per gestire l'ansia; lo yoga è una forma di esercizio che si adatta sia alla mente che al corpo, quindi ti aiuta a migliorare in modo olistico. Le tecniche di respirazione sono una parte prescritta dello yoga, il che significa che impari a mantenere la calma praticandole.

Anche in caso contrario, quando hai la sensazione di poter avere un attacco, siediti e respira - respira in intervalli, inspira lateralmente, con tutti i tuoi polmoni invece di prendere respiri superficiali che in realtà non aiutano. Lascia che il tuo diaframma si espanda completamente - più ossigeno assumi, meglio è per te.

Regolare esercizio fisico

L'esercizio fisico è un modo brillante per eliminare tutta quella irrequietezza in più; l'illusione del movimento ti distrae dalla paura e ti aiuta a evitare quell'attacco di panico in arrivo. Fare esercizio ha anche il vantaggio delle endorfine - quando ci si esercita, le endorfine, che sono sostanze chimiche di benessere, vengono rilasciate nel flusso sanguigno. Questa è una delle ragioni per cui l'esercizio è consigliato a coloro che sono depressi; ti senti molto più felice dopo un duro allenamento. Inoltre, l'esercizio ti stanca fisicamente al punto che puoi dormire, il che è un must.

Limitare la assunzione di caffeina e alcol e mangiare sano

Caffeina e alcol possono aumentare il senso di irrequietezza e ansia; limitare l'assunzione di caffeina il meno possibile per aiutarti a superarla. Invece, passa a bere succhi di frutta e verdura. Mangia più sano, riduci il fast food e aiuta il tuo corpo a disintossicarsi in modo da non sovraccaricare il tuo sistema con troppa spazzatura.

Connettiti con Gruppi di Sostegno, Amici e Famiglia

Non aver paura di chiedere aiuto; l'ansia può tagliarti fuori dalle persone nella tua vita. Fai uno sforzo consapevole per raggiungere i tuoi amici e la tua famiglia - anche se non capiscono cosa stai passando, vogliono aiutare. Nonostante l'illusione che sei da solo, in realtà sei circondato da persone che ti amano. Se necessario, unisciti a un gruppo di supporto; in un luogo in cui tutti sono vulnerabili, puoi permetterti di rilassarti e creare connessioni significative.

Combattere l'ansia riducendo lo stress e allenandosi mentalmente

Puoi cambiare il modo di pensare - questa è la cosa più bella del genere umano.

Pratica Metodologia di Pensiero Razionale

L'intera ideologia di pensare positivo-sentirsi bene è grande; è anche molto astratta e non è facile da praticare. Invece, per gestire la tua ansia, prova a pensare razionalmente - l'ansia deriva da paure irrazionali, quindi cerca di conquistarla attraverso la logica. Quando ti senti ansioso, concentrati sul perché la tua paura è irrazionale e parla di te stesso con le idee razionali appropriate.

Tieni un Diario dello Stress

Se riesci ad analizzare i tuoi pensieri per identificare quali sono le cose che ti danno più ansietà, puoi facilmente aiutarti a superarli! Per una settimana, ogni volta che senti che un attacco è dietro l'angolo, o sei ansioso senza motivo, tira fuori un diario dello stress e annota i pensieri che stai pensando.

Alla fine della settimana, siediti e analizza i tuoi modelli di pensiero: scoprirai di avere trigger molto specifici che stimolano i tuoi sentimenti ansiosi. Molte volte, l'ansia viene da dentro di te; non è l'ambiente esterno a fare da trigger, ma un'idea unica, costante e ripetitiva che ti rende irrequieto e ansioso. Scopri cos'è questa idea e poi affrontala invece di evitarla o ignorarla - solo così puoi andare avanti.

Regolarmente lodati e premiati

Il modo migliore per combattere l'ansia è fare cose che ti fanno sentire bene. Una delle ragioni per cui l'esposizione alla terapia funziona è perché aumenta la fiducia in se stessi; affronti la tua paura, la sconfiggi, quindi migliori il tuo senso di sé. Allo stesso modo, devi riconoscere consapevolmente il fatto che stai facendo cose buone.

Non sminuire nessuna delle tue azioni; se sei riuscito a uscire in pubblico e incontrare amici oggi, nonostante abbia una grave ansia sociale, allora lodati e concediti una piccola ricompensa sotto forma di qualcosa che ti renda felice.

Fai cose che ti fanno sentire meglio - stare a letto per evitare gli attacchi di panico può sembrare meraviglioso, ma mette il problema via per un altro giorno e, di fatto, peggiora la tua ansia. Invece, rimboccati le maniche, fai un bagno e mangia una sana colazione. Fai una passeggiata intorno all'isolato all'aria aperta, inspira profondamente e ricordati che sei ancora qui, senti ancora il mondo intorno a te e meriti di superare questo.

In generale, allenarsi mentalmente significa semplicemente essere gentili con te stesso nello stesso modo in cui sarai gentile con un amico o un familiare. L'ansia non è facile da combattere, ma può essere fatto - devi solo passarci dentro. Lavora con ciò che hai e impara ad accettare il tuo senso di sé. Va bene lottare, va bene non essere in perfetta salute e un disturbo mentale non significa un reparto psichiatrico infestato in un manicomio: è tanto reale quanto la tubercolosi o l'influenza e puoi curarlo e riportare la tua vita sotto controllo!

Conclusione

I disturbi d'ansia sono cose subdole; troppo spesso, li congeli come qualcosa da ignorare o piccolo, finché non si costruiscono lentamente fino al punto in cui non puoi nemmeno più funzionare correttamente. Potresti anche tornare allo stato in cui eri se non sei vigile: il trucco è essere consapevoli del tuo senso di sé e del tuo corpo e capire che la tua mente e il tuo corpo sono connessi l'uno con l'altro. Quando uno soffre, l'altro reagisce - questa è la verità più osservabile che riceviamo da persone che hanno ansia.

Ma l'ansia può essere curata! La tua vita può essere di nuovo tua; tutto quello che devi fare è fare il primo passo e provare. Non aver paura di chiedere aiuto: i tuoi amici, la tua famiglia e i medici sono qui per aiutarti a migliorare. La terapia funziona, ma per aumentarla devi fare cambiamenti nello stile di vita e imparare a essere gentile con te stesso. La cura di sé è il modo migliore per gestire l'ansia, quindi

Parte 2

Introduzione

Voglio ringraziarti e congratularmi con te per aver scaricato il libro.

Questo testocontiene informazioni utili su come eliminare l'ansia e raggiungere il tuo pieno potenziale.

Provi spesso una persistente e incontrollabile sensazione di paura, terrore e preoccupazione? Temi di perdere il controllo sulla tua vita ein determinate situazioni ti senti intrappolato e indifeso a causa di un'eccessiva paura e inquietudine?

Ci sono passato anch'io, e so bene come ci si sente. Tensione addominale, battito cardiaco accelerato, respirazione superficiale... ogni momento è doloroso, devastante, sfiancante.L'ansia rovina innegabilmente i rapporti interpersonali, la produttività,l'autostima e la capacità di godere appieno la vita.

Personalmente, credevo sempre di essere sul punto di impazzire ed ero certo che da un momento all'altro sarebbe accaduto qualcosa di brutto. Continuavo a provare una paura opprimente che non riuscivo a scrollarmi di dosso.Una parte di me fingeva di essere normale, l'altra cercava disperatamente di mantenere il controllo.

Per curare l'ansia le avevo provate tutte: pillole, preghiere,digiuni prolungati, lunghi percorsi di terapia e persino un corso di sei settimane creato specificamente per superare il problema. Nonostante il fatto che la maggior parte di questi rimedi avesse un costo considerevole, nessuno con me pareva funzionare; l'ansia ritornava sempre.

Nel corso delle mie battaglie, però, ho scoperto a un tratto che le soluzioni più efficaci e durature per porre rimedio a questo disturbo erano spesso indolori, gratuite e divertenti.Grazie all'adozione giornaliera delle tecniche che esporrò in questo libro, sono riuscito a rimettere in sesto la mia vita in meno di un mese.

Sono convinto che dopo averlo letto anche la tua ansia sparirà e tornerai a sentirti forte.

Grazie ancora per averlo scaricato, spero lo apprezzerai!

CAPITOLO 1: COMPRENDERE L'ANSIA

Per iniziare, è importante che tu capisca cos'è l'ansia, per assicurarci che entrambi siamo sulla stessa linea di pensiero perpoi procedere oltre.

Di cosa si tratta?

Il termine ansia è solitamente utilizzato in riferimento a numerosi disturbi che di norma causano preoccupazione, apprensione, paura e nervosismo.

Tali disturbi possono pregiudicare il modo in cui ti comporti eti senti, e manifestano generalmente dei concreti sintomi fisici. Ma mentre una forma lieve di ansia resta indefinita e provoca soltanto agitazione, una variante grave di questo disturbo è comunemente debilitante, il che vuol dire che può avere un enorme impatto negativo sulla vitaquotidiana.

Ecco esattamente cos'è l'ansia.

È quella sgradevole sensazione che provi nei confronti di circostanze inevitabili e incontrollabili.

Ti senti a disagio rispetto a un futuro zeppo di ogni sorta di minacce e di possibili esperienze negative.

In un certo senso, sfrutti l'ansia per gestire lo stress e gli eventuali pericoli.

D'altro canto, il disturbo potrebbe essere visto come un livello molto basso di terrore. Non che tu abbia davvero paura, ma ti senti talmente vulnerabile da non riuscire ad andare avanti. Tieni presente che l'ansia è ben più che sentirsi preoccupati o stressati. Di fatto, in determinate situazioni, preoccupazione e stress sono reazioni normali, soprattutto quando ci si sente costantemente sotto pressione. Ma questo genere di sensazioni si interrompe dopo un certo periodo di tempo, quando il problema è superato o il fattore di stress eliminato.

L'ansia, invece, si verifica quando queste emozioni non cessano di manifestarsi, ovvero sono continuative e persistono anche in assenza di cause particolari che le determinino. Mentre è normale che chiunque si senta agitato di tanto in tanto, per chi si trova in uno stato d'ansia, controllare tali sensazioni risulta impossibile.

L'ansiapuò presentarsi in diverse forme come attacchi di panico e fobie (paure irrazionali), ma le sue manifestazioni più comuni sono la fobia sociale e il disturbo d'ansia generalizzata (in inglese, GeneralizedAnxietyDisorder o GAD).

Permettimi di spiegarti queste due definizioni:

- La fobia sociale ti induce a evitare le interazioni e i contesti collettivi. Si manifesta attraverso la paura di venire rifiutati, giudicati, umiliati o messi in imbarazzo.

- Il disturbo d'ansia generalizzata ti fa sentire sopraffatto e privo di controllo a causa di preoccupazioni esagerate e tensioni riguardo al tuo stato di salute,

alla situazione finanziaria, alla famiglia,

al lavoro e via discorrendo.

Perciò cos'è, esattamente a causare uno stato di ansia? Come nascono e si sviluppano queste paure?

Cause dell'ansia

Spesso sentiamo di avere delle valide ragioni per sentirci ansiosi.

Tanto per cominciare, sono i pensieri e le convinzioni irrazionali a impedirci di vedere i fatti in modo più positivo e motivante. Le convinzioni irrazionali, ad esempio, possono ricondursi a una personale percezione di dipendenza, disapprovazione, vulnerabilità, difettosità, alienazione o fallimento.

Tali persuasioni bloccano e confondono la visione della realtà.

Come ben saprai, le convinzioni determinano il modo in cui vedi le cose, anche quando non esiste alcuna prova razionale o tangibile che avvalori il tuo punto di vista.

D'altra parte, uno stato ansioso può derivare anche dalla mancanza di equilibrio alimentare o di attività fisica.

Scarso movimento e cattiva alimentazione di per sé non ti rendono apprensivo, ma in qualche modo influenzano il tuo stato emotivo lasciandoti vulnerabile agli attacchi d'ansia.

Causa frequente del disturbo è un alto livello di stress, ma anche condizioni cliniche quali diabete, anemia, sindrome premestruale, ma anche l'assunzione di pillole dimagranti e caffeina, tra le altre cose, può fare altrettanto. Se accusi dei persistenti sintomi di ansia, fai un check-up medico per stabilire se soffri di qualcuna di queste patologie.

In realtà, sono solo alcune delle ragioni che provocano l'ansia, perché la lista è infinita e le cause possono variare moltissimo da persona a persona. Se credi di essere affetto da questo disagio, non importa come tu possa averlo sviluppato, poiché molto probabilmente non sei neppure consapevole di cosa l'abbia causato.Se invece ancora non sei sicuro di soffrirne, forse occorre che ti dia una mano per aiutarti ad analizzare la tua vita e comprendere se sei afflitto dal disturbo.

Ma prima di arrivarci, è importante specificare che di per sé l'ansia è una reazione del tutto naturale. In poche parole, siamo geneticamente predisposti a provarla.

Lasciami spiegare.

L'ansia fa parte del meccanismo innato di 'lotta o fuga' riconducibile ai nostri progenitori ancestrali. Tali istinti fungevano da sistemi di allarme che aiutavanol'essere umano a determinare se fosse il caso di attaccare o di fuggire dal pericolo durante la caccia. Dato che l'ansia fa sì che l'adrenalina fluisca nel sangue e attivi il fegato a rilasciare zuccheri energizzanti, preparava in tal modoi nostri antenati a combattere i grandi predatori.

Questo sistema di allarme è ancora utileai nostri giorni durante le emergenze.

Tuttavia il problema è che i nostri meccanismi di 'lotta o fuga' si manifestano anchequando sono spropositati rispetto agli attuali fattori di stress. Può capitare che litighi con tua suocera, che scappi dal lavoro o dallo studio del dottore senza ottenere il risultato sperato, come al contrario accadeva ai nostri progenitori quando uccidevano un orso o abbattevano un leone. Del resto, la visita della suocera può anche rivelarsi spiacevole, ma non mette certo in pericolo la tua vita. Se i muscoli si irrigidiscono al sentir pronunciare il suo nome, il problema non è tanto lei, quanto la risposta del tuo corpo allo stress che lei ti provoca.

L'ansia può diventare pericolosa se si verificano più sintomi tutti insieme. Può essere un'esperienza davvero sgradevole, che ti lascia impotente e molto vulnerabile. Quando il disturbo è prolungato ograve, i potenti agenti chimici di'lotta o fuga' possono di fatto danneggiarti gliorgani interni e farti mancare di motivazione e fiducia. Col tempo, potresti anche sviluppare un malessere a tutti gli effetti, come le cefalee indotte da ipertensione, o cadere in depressione.

Mettendola sul semplice e pratico, prendiamo in considerazione alcunemodalità frequenti con cui l'ansia si manifesta nelle nostre esperienze quotidiane, i suoi segnali e le conseguenze.

Modalità frequenti con cui si manifesta l'ansia

Di fatto tutti abbiamo sperimentato l'ansia, di tanto in tanto, anche se non si è trattato di un problema persistente. Lascia che ti spieghi:

Solitamente affrontiamo un momento di preoccupazione e tensione prima di affrontare determinate sfide. Ad esempio, nella sala d'attesa di un dottore quando dobbiamo fare un test HIV oppure un esame per il cancro, il diabete o qualunque altra malattia che possa mettere a rischio la nostra vita. O anche perché nello studio di quel dottore ci aspetta magari un'iniezione.Potremmo sentirci in ansia se siamo stati a cucinare per ore, ma l'espressione sul viso della suocera dice che abbiamo sprecato tempo ed energie. O anche prima di un esame o aspettandone i risultati, mentre andiamo a un colloquio di lavoro, quando dobbiamo fare una presentazione davanti a un pubblico numeroso, quando conosciamo nuove persone etc.

Segnali e sintomi

Qualunque sia il fattore di innesco, quando sei in uno stato di ansia è facile che tu ne veda i segnali attraverso diversi sintomi fisici ed emotivi, quali palpitazioni cardiache, incapacità di concentrazione,tensione muscolare,sudorazione,intorpidimento, secchezza delle fauci, nausea, nervosismo, tremori e iperventilazione.

La durata dell'ansia dipende da ciò che l'ha originata. Più a lungo si manifesta, maggiori saranno i sintomi avvertiti.

Se la tua è una semplice reazione a un singolo evento eccezionale - come quando il medico sta per farti un'iniezione - dopo tale evento i livelli di ansia diminuiscono e i relativi sintomi svaniscono.

Se l'agitazione è dovuta ai problemi che hai con tua suocera, probabilmente ti sentirai ansioso un po' prima e anche dopo averla vista.In questo caso, potrai avvertire disturbi quali irritabilità, diarrea o costipazione.

Poi c'è quel lavoro che odi e che ti provoca un'inquietudine permanente. Ti spaventa svegliarti al mattino per andare in ufficio, andare a dormire perché il giorno dopo dovrai lavorare e persino il fine settimana, perché sai che una volta terminato dovrai tornare al tuo impiego. Quando i pretesti per innescare uno stato d'ansia sono continui, possono manifestarsi sintomi aggiuntivi: insonnia, eccessivo appetito o inappetenza, dolori al petto e perdita del desiderio sessuale.

Abbiamo esaminato alcune delle forme più frequenti di ansia quotidiana. Sebbene comuni, tali preoccupazioni possono costarti molto in termini di salute mentale, fisica ed emotiva.

Per evitare che l'angoscia ti faccia sprofondare sempre più in basso, impariamo cosa è possibile fare per contrastarla.

Ti mostrerò ora alcuni metodi efficaci da poter seguire per eliminare il disturbo ansioso.

CAPITOLO 2: SEMPLICI TECNICHE PER ALLEVIARE L'ANSIA

Quelle che seguono, sono semplici pratiche da includere nellaroutine quotidiana per ridurre l'ansia.

1. Goditi lo sport da solo o con i tuoi amici, senza sensi di colpa.

La mancanza di movimento dovrebbe essere trattata come la malnutrizione: è un rischio per la salute del corpo e della mente – Stuart Brown.

Senza alcun dubbio, l'esercizio quotidiano vince l'80% della lotta all'ansia. Ma non deve essere faticoso o deprimente, come fare 100 addominali, correre sul tapis roulant per un'ora e via discorrendo. L'attività fisica non dovrebbe mai sembrare un dovere, ma un gioco. È sufficiente che faccia accelerare i battiti, sudare e che sia lecitamente divertente per te e per i tuoi amici. Non occorre mettersi a misurare la frequenza cardiaca, tenere traccia della durata dello sforzo o contare le calorie.

Dimentica tutte queste cose. Concentrati solo su come muoverti mentre ti diverti in compagnia.

Per esperienza, trovo che gli sport all'aria aperta siano la forma migliore di attività per ridurre gli stati ansiosi. Sono solitamente più sociali (quando per svolgerli è richiesta più di una persona), moderatamente competitivi e ti garantiscono una bella sudata all'aria fresca e al sole.Tuttavia, sentiti libero di fare qualsiasi tipo di movimento al chiuso o all'aperto che sia giocoso e divertente. Colpire palline da golf e allenarsi con la mazza da baseballsono pratiche che su di me fanno miracoli. Inoltre, l'integrazione dello sport nella mia routine settimanale mi ha aiutatoa ridurre l'ansia più di ogni altra cosa, soprattutto perché godermi un po' di divertimento senza sensi di colpa assieme ai miei amici è un vero sollievo. Attraverso l'attività fisicasono riuscito a staccare dal lavoro, scaricare la tensione ed essere più produttivo. Ogni volta che tornavo al mio portatile dopo una bella partita, mi sentivo leggero e felice.

Lavoravo meglio ed a un ritmo più veloce. Dato che il mio cervello si era ricaricato ed era appagato e brioso, cominciava a funzionare al meglio.

Pensare soltanto al lavoro senza mai staccare può renderti ansioso. Essere bloccati nella stessa postazione per tutto il giorno favorisce l'insorgere di nevrosi ed erode la salute. Cerca di allenarti quotidianamente per almeno 30 minuti; fai una passeggiata nel tuo quartiere, prendi lezioni di yoga - soprattutto perché lo yoga è un potente esercizio di stretching e potenziamento e incorpora anche pratiche di respirazione profonda e meditazione che aiutano a ridurre l'inquietudine.

Prova ad eseguire delle posizioni yoga per mitigare l'ansia.

Se proprio non ti va di uscire, potresti metterti aballare la tua canzone preferita in camera da letto. L'aspetto positivo di poter sfruttare il movimento fisico contro l'inquietudine è che questo richiede soltanto il 2% del tuo tempo ed è gratuito oppure molto economico, con risultati garantiti.

Spetta a te fare la scelta giusta e investire sulla tua salute.

2. Scollegati da tutte le fonti di notizie inutili.

Imparare a ignorare le cose è uno dei grandi sentieri per la pace interiore - Robert J. Sawyer.

Mi ci è voluto parecchio tempo per scoprire che i notiziari erano uno dei miei principali fattori d'ansia. I quotidiani online, i canali TV e le stazioni radio che visitavo, guardavo o ascoltavo tutti i giorni parlavano incessantemente di corruzione, crimini, crollo economico internazionale e fine del mondo.

Di conseguenza, apprendere quel genere di notizie faceva sì che il timore di venire attaccato diventasse per me incontrollabile. Ho cominciato a preoccuparmi di proteggermi da qualunque potenziale minaccia di cui venissi a conoscenza. Ho fatto ricerche su cosa avrei fatto nel caso in cui fossi stato arrestato e messo in prigione. Ho speso un mucchio di soldi in cibo ed equipaggiamento per essere pronto a qualunque disastro imminente. Sì, va bene prepararsi alle emergenze, ma pensare continuamente per mesi e mesi a scenari apocalittici è quantomeno bizzarro!

Un giorno, poi, ho realizzato che a furia di temere un futuro irrealistico stavo perdendo la capacità di godermi il presente. E che i semi di quella paura erano piantati dalle notizie che seguivo. Una volta deciso di smettere di guardare i notiziari (niente TV, blog 'spacciatori di verità' e siti complottisti, nonché blocco e disinteressamento sui social media dei link riguardanti fatti sensazionalistici), la mia ansia è sensibilmente diminuita. Rimosse le notizie negative dalla mia coscienza, sonodiventato immune alle terrificanti storie delle altre persone.

Ho iniziato a sostituire le notizie spaventose con informazioni positive, divertenti e piacevoli. In particolare, ho guardato film comici e spensierati, ascoltato canzoni incoraggianti e letto libri coinvolgenti che mi hanno toccato l'anima e acceso l'immaginazione. Tutte cose che mi hanno aiutato molto. Naturalmente, di tanto in tanto rivedevo degli amici che tiravano fuori qualche argomento riguardante gli eventi accaduti durante la settimana. L'unica cosa che mi sorprendeva constatare era che in realtà non mi ero perso nulla. Ero ancora vivo e il mondo non aveva smesso di girare. Tutto lì.

In altre parole, è ciò concui nutri la mente a determinare la qualità della tua vita. Sei quello che pensi; se ti nutri di contenuti inquietanti, senz'anima, ansiogeni (vedi: reality show estremi, notiziari, porno, libri pieni di materiale orrorifico etc.), la tua mente ne uscirà intimorita, cinica e stressata. Al contrario, se consumi regolarmente contenuti allegri e giocosi, i tuoi pensieri diverranno gentili e felici.

Basta interrompere qualunque negatività della tua vita e sostituirla con tematiche positive. Semplicissimo. Farlo non ti costerà nulla e porterà a risultati sorprendenti.

Consiglio bonus: Spingi il tasto off

Mi costringo letteralmente a staccare la spina ogni volta che mi sento sfinito. Mi trasferisco in luoghi panoramici dove l'orizzonte non è offuscatoda attività umane ed edifici e mi disconnetto da qualsiasi dispositivo abbia uno schermo per almeno 24 ore. Ciò significa niente chiamate, email, SMS, Instagram, Facebooko Seinfeld. Uniche cose concesse: natura, libri e interazioni faccia a faccia.

Prendersi una vacanza immersi nella natura senza dispositivi elettronici è incredibilmente rigenerante. La mente diventa come un ambiente asfissiante che abbia ricevuto una ventata d'aria fresca. Anziché annoiarmi di passare le giornate in totale digiuno da internet, comincio a sentirmi ringiovanito grazie alla vita reale.

Concediti una pausa dal lavoro e stacca la spina, senza sentirti in colpa per esserti preso del tempo libero. Non stai fuggendo dal mondo reale, ma offrendoti la possibilità di riconnetterti a esso.

3. Sonno regolare e sonnellini pomeridiani.

La mia ragazza mi ha chiesto, 'Hai dormito bene?' E io, 'No, ho fatto alcuni errori.' - Steven Wright.

Non posso non sottolineare il valore di un buon riposo nella vita di una persona. A titolo esplicativo, ogni individuo ansiosoin cui mi imbatto o nega di dormire poco o sorvola sul fatto di andare a letto a orari sempre diversi.Moltissime persone asseriscono che in seguito alla decisione di sforzarsi di dormire otto ore a notte, i loro problemi di salute sono scomparsi, le emozioni si sono riequilibrate e l'ansia è svanita.

Un'amica mi ha rivelatoche il buon sonno le ha donato lucidità mentale e l'ha liberata della sensazione di tensione attorno agli occhi.

Tempo fa soffrivo di insonnia cronica,e la cosa incideva moltissimo sulla mia salute psicologica. L'afflusso di informazioni digitali che immagazzinavo a ogni ora di veglia non faceva che peggiorare il problema. Andando regolarmente a dormire a orari casuali, non davo mai alla mia mente il tempo di riposarsi, rilassarsi ed elaborare gli eventi della giornata.

Poi ho deciso di fare del sonno regolare una delle massime priorità dell'intero mese in cui ho curato l'ansia. Il primo passo che ho compiuto è stato quello di rendere la mia camera da letto un ambiente ideale, ottimizzato per dormire. Ecco cosa ho fatto:

1. Ho regolato il condizionatore e impostato la temperatura della stanza a 20 °C.
2. Ho messo in carica il telefono assicurandomi che la presa fosse molto lontana dal letto. L'idea era di assicurarmi di non finire per passare il tempo a guardare YouTube o controllare Facebook prima di addormentarmi.
3. Ho cominciato a indossare una maschera per dormire e a tenere le tende tirate per rendere l'ambiente il più buio possibile.

Una volta che la camera da letto era stata ottimizzata, ho deciso di impegnarmi in una seria routine di esercizi per il sonno. Ho impostato sull'iPhone un promemoria giornaliero che mi avvisa tutte le sere alle 22:00 (nove ore prima della sveglia) quando è 'Ora di Andare a Letto'. Al suono dell'allarme, interrompo immediatamente qualunque cosa stia facendo e mi precipito in bagno a lavarmi i denti e mettermi il pigiama. Prendo molto sul serio il mio avviso telefonico, ho persino interrotto bruscamente delle conversazioni per prepararmi al sonno. Una volta finito di prepararmi, metto il cellulare in modalità silenziosa, lo collego a una presa lontana e mi sdraio a leggere per una quindicina di minuti qualche libro di fantascienza (niente filosofia, né manuali di lavoro). Infine spengo le luci e mi concentro sul ritmo del mio respiro fino a che non mi addormento.

Ci sono volute diverse notti prima di prenderci la mano, ma nel giro di una settimana dormivo da dio.

Il segreto è stato prepararsi tutte le sere alla stessa ora. Alla fine ho rieducato il mio corpoal desiderio di andare a dormire a un orario ragionevole.

Un altro aspetto cruciale per la guarigione dall'ansia è stato che la mia routine del sonno includeva tutti i pomeriggi un sonnellino di 20 minuti. Ogni giorno, dopo pranzo, trovavo un angolo per riposare: una panchina, un divano, un pavimento in moquette o il sedile reclinato della macchina... Impostavo la sveglia sul cellulare e mi sdraiavo supino a occhi chiusi. Non provavo ad addormentarmi; mi rilassavo semplicemente, focalizzandomi sull'inspirazione e l'espirazione. Anche se il 10-20% delle volte non dormivo, una volta spenta la sveglia mi sentivo sempre calmo e riposato.

Se tutti riuscissimo a schiacciare quotidianamente un pisolino come quando eravamo bambini, sarebbe grandioso. Fa' di tutto per fare un sonnellino pomeridiano, anche a costo di saltare la pausa pranzo. Inoltre regola l'orario in cui vai a letto a nove ore prima che squilli la tua sveglia mattutina. E assicurati di prepararti ogni sera alla stessa ora. Sarai molto meno ansioso, e più rilassato e produttivo.

4. Meditazione.

La meditazione è una strategia eccezionale per combattere l'ansia poiché può aiutarti a contrastare le autoconvinzioni negative (che spesso operano in totale autonomia, senza che tu ne sia neppure cosciente).

È anche in grado di ridurre i timori riguardo alle catastrofi incombenti. Ti servono soltanto dai 5 ai 30 minuti al giorno per praticare la meditazione e ottenere grandi risultati. Dunque, come si fa a meditare? Ecco come:

Inizia scegliendo un momento della giornata in cui desideridedicarti a questa pratica. È bene destinarle un orario specifico, in modo da creare una routine. Nel scegliere il momento, cerca di assicurarti di non venire disturbato durante le sessioni meditative. Potresti programmare di farlo al mattino presto o la sera tardi, quando tutti dormono. In un posto in cui nessuno possa distrarti, come la cabina-armadio o la camera da letto.

Stabilito ciò, siedi su un tappetino comodo oppure una sedia, quindi chiudi gli occhi e concentrati sul tuo respiro. Ogni volta che un pensiero ti distrae dalla respirazione, individualo semplicemente e riprendi a respirare. Per cominciare, fai così per circa cinque minuti, poi prova ad aumentare la durata di altri 5 minuti ogni 30 sessioni. Sarai sbalorditodi come alla fine di ogni meditazione ti sentirai più rilassato e di come questa calma influenzerà ogni aspetto della tua vita.

5. Respirazione profonda.

Per combattere l'ansia, potresti provare anchea fare dei respiri diaframmatici ogni volta che ti prende un attacco. L'idea di fondoè di interrompere i molteplici cambiamenti che avvengono nel tuo corpo man mano che aumenta lo stato ansioso. In tal caso, tutto ciò che ti occorre è fare dei respiri lenti e profondi fino a riempire il diaframma di aria, quindi trattenere il fiato per qualche secondo e infine espirare a fondo, in modo da contrarre lo stomaco sino a spingerlo più internamente al torace. Ripeti l'esercizio fino a 10 volte, assicurandoti che ogni ripetizione comporti un'inspirazione e un'espirazione. Prova a compiere 5 respirazioni al minuto per contribuire a una notevole riduzione di intensità e frequenza del tuo stato d'ansia.

6. Affronta il problema.

La migliore soluzione a qualsiasi paura estrema tu possa provare (soprattutto quando sai di non essere in pericolo di vita) è esporsi alla paura stessa. Durante una conversazione con alcuni amici, ho scoperto che le cose che abbiamo modo di evitare o procrastinare sono quelle che scatenano in noi i timori maggiori e i pensieri ansiosi. Se il pensiero di vedere un dottore ti procura ansia, quando sei costretto ad affrontare una situazione in cui il medico DEVI vederlo per forza (o magari ti trovi in ospedale), in qualche modo ti adegui alle circostanze e superi la paura. È questo l'atteggiamento che dovresti avere per battere l'ansia. Approcciati alle cose che devi fare come se fosse una questione di vita o di morte (scegliendo nello specifico la vita). Riflettici. Può anche non piacerti l'idea di parlare in pubblico, ma quando sei chiamato a farlo, non importa quanto breve possa essere il discorso, in un modo o nell'altro riesci a superare la paura. Più lo fai (anche se non ti piace), più nel tempoti troverai a tuo agio. Tieni a mente questo insegnamento: esponiti alle situazioni che più ti terrorizzano. È lì che entra in gioco la necessità di 'fingere fino a che non è tutto passato'. Più fingi che vada tutto bene, più per te diventerà facile tranquillizzarti.

CAPITOLO 3: SEMPLICI RIMEDI DOMESTICI EFFICACI CONTRO L'ANSIA

Contrariamente alla credenza popolare secondo cui per contrastare l'ansia occorrano dei farmaci antidepressivi, è molto facile gestire il disturbo per conto proprio.

Se vuoi ottenere risultati di lunga durata senza dover affrontare gli effetti nocivi collaterali associati all'assunzione di pillole, prendi in considerazione di trattare la tua condizione adottando delle semplici soluzioni casalinghe.

Ecco i migliori rimedi che ho avuto modo di adottare e le istruzioni per metterli in atto.

Tè verde

Il tè verde è una bevanda a base di erbe con potenti proprietà antiossidanti, quindi, in sostanza, bevendone qualche sorso si riducono istantaneamente i sintomi dell'ansia. Ma come agisce?

Dunque, il tè verde contiene L-teanina e altri amminoacidi la cui azione congiunta attiva le onde cerebrali alfa, responsabili della stimolazione delle cellule neuronali che a loro volta riducono ansia e stress, incoraggiano il corpo a rilassarsi e migliorano la concentrazione e il sonno. Assumere questa bevanda regolarmente aiuta pertanto a prevenire i disturbi ansiosi.

Come preparare il tè verde:

1. Versa una tazza di acqua in un pentolino e porta a ebollizione. Aggiungi due cucchiaini di tè verde e lascialo sobbollire per alcuni minuti.
2. Filtra la miscela. Aggiungi del miele come dolcificante, se lo desideri.
3. Assumi 3-4 tazze di bevanda al giorno per un rilassamento completo.

SUGGERIMENTO: le tisane a base di erbe agiscono calmando i nervi sino a ridurre gli stati d'ansia.Fiori di camomilla o altre erbe aromatiche essiccate sono delle ulteriori ottime alternative per la preparazione del tè.

Camomilla.

Una delle erbe più efficaci per ridurre nervosismo e stress è la camomilla. Contiene composti che rilassano e calmano il sistema nervoso inducendo in tal modo un effetto sedativo. Inoltre, la camomilla aiuta a rilassare i muscoli e allenta la tensione corporea, favorendo così un sonno migliore. In più, si è dimostrata molto efficace contro la maggior parte dei disturbi connessi all'ansia perciò consumane almeno 4 tazze al giorno.

È possibile prepararla nei seguenti modi:

- Infuso:
1. Fai bollire 1 tazza d'acqua e aggiungi due cucchiaini di camomilla. Copri con un coperchio e lascia riposare per una decina di minuti.
3. Filtra la miscela.
4. Aggiungi miele per migliorare il gusto, se preferisci.

- Aggiungi olio essenziale o fiori di camomilla in una vasca di acqua calda e goditi un bagno rilassante.

- Prendi degli integratori alla camomilla, ma accertati di aver prima consultato il parere del tuo medico.

Passiflora.

La passiflora è un altro rimedio efficace, in quanto agisce placando l'irrequietezza nervosa, lo stress e l'ansia.

Gli alcaloidi β-carbolinici e armalinicicontenuti in questa pianta sedativa sollecitano la produzione di sostanze chimiche che migliorano l'umore,quali ad esempio la dopamina. Inoltre,i composti della passiflora incrementano i livelli di GABA nel cervello, riducendo in tal modo l'ansia e gli attacchi di panico.

Quando avverti dei sintomi ansiosi, utilizza questa incredibile erba come segue:

- Tisana:

1. Metti a bollire una tazza d'acqua.

2. Aggiungi un cucchiaino di passiflora (essiccata), copri con un coperchio e lascia in infusione per 10 minuti.

3. Filtra l'infuso e, se lo desideri, aggiungi del miele o dello zucchero per migliorare il sapore. Bevilo finché è caldo.

- Integratori o estratti, ma consultando prima il parere del medico:

Assumi una compressa al giorno da 90 mg oppure 45 gocce di estratto di passiflora, ma non oltre la durata di un mese.

Nota: le donne incinte e i bambini piccoli dovrebbero evitare di assumere erbe sedative.

Luppolo

Il luppolo è un'ulteriore pianta eccezionale che agisce rilassando le cellule cerebrali e contribuisce a ridurre l'ansia. Oggigiorno è un ingrediente comune nelle birre, ma non pensate che consumandolo in forma alcolica possiate saggiarne gli effetti tranquillizzanti. È il suo olio essenziale,molto volatile e ricco di sostanze sedative, a trovarsi nella maggior parte delle tinture e degli estratti. Ma come funziona il luppolo? Calmando i nervi e agendo direttamente sul sistema nervoso centrale anziché sui recettori GABA.

Puoi anche trovarlo in forma di cuscini per aromaterapia, utili a lenire i disturbi cerebrali. Spesso anche in compresse, miscelato ad altre erbe come la valeriana.

Dal momento che il luppolo ha un sapore molto amaro, non viene quasi mai utilizzato come infuso, se non mescolato a menta o camomilla. Assicurati di assumerne quando insorgono dei sintomi ansiosi. Ecco la procedura per la preparazione delle tisane:

Ingredienti:
1 cucchiaino di luppolo essiccato
½ cucchiaino di camomilla
Miele

Istruzioni:
Aggiungi entrambe le erbe in una tazza di acqua bollente, quindi fai sobbollire per una decina di minuti.
Filtra la bevanda. Se lo desideri, aggiungi del miele.
Se avverti regolarmente i sintomi dell'ansia, bevi questo infuso dolce-amaro ogni giorno.

Mandorle

L'elevatocontenuto di B12 e di zinco nelle mandorle, rende questi frutti molto efficaci nella prevenzione dell'ansia. Assumendone qualcuna prima di andare a dormire, ti rilasserai e allevierai lo stress. Ecco una ricetta con le mandorle:

Ingredienti:
10 mandorle
1 tazza di latte caldo
Un pizzico di zenzero
Un pizzico di noce moscata

Istruzioni:
1. Per prima cosa, metti le mandorle in ammollo in acqua per tutta la notte, per farle ammorbidire.
2. La mattina successiva rimuovine le pelli.
3. Mescola insieme le mandorle, il latte, lo zenzero e la noce moscata fino ad ottenere un composto liscio.
4. Bevi la miscela ogni sera prima di andare a dormire per ottenere i risultatimigliori.

Massaggio con olio

Un massaggio profondo può calmare e rilassare il corpo, liberandolo dalle tossine. Di conseguenza, ciò procurerà benessere al fisico e alla mente. Anche i guaritori tradizionali cinesi concordano sul fatto che i massaggi allentino la pressione nelle arterie e nelle vene,agevolando in tal modo la circolazione di ossigeno fresco al cuore e al cervello. Ne consegue che una calda frizione lenitiva con olio a piedi, mani, testa o schiena allevia la tensione muscolare, combatte l'ansia e migliora la circolazione.

Per un massaggio rilassante che aiuti a ridurre i sintomi ansiosi, utilizza olio di girasole, cocco, sesamo, oliva o mais, al fine di ottenere i risultati migliori.

Procedimento:

1. Intiepidisci l'olio, quindi strofinalo delicatamente con movimenti circolari su tutto il corpo, in particolare sulla pianta dei piedi e sul cuoio capelluto.

2. Un massaggio profondo 2 ore prima del bagno mattutino calmerà i nervi ed eliminerà l'ansia.

3. Se vuoi, puoi frizionarti con olio anche la sera, prima di andare a dormire.

Per alleviare gli stati ansiosi e lo stress, ricorri ogni giorno a dei massaggi profondi con olio.

Elisir anti-ansia

In generale, questo tipo di elisir bilancia i livelli di energia. Il succo di limone rafforza i capillari riducendo la pressione sanguigna, lo zenzero rilassa il ventre e il miele mantiene stabile il livello di zuccheri nel sangue.

Ingredienti:
1 cucchiaino di succo di limone
1 cucchiaino di zenzero macinato
½ cucchiaino di miele

Istruzioni:
Aggiungi tutti gli ingredienti in un bicchiere e mescola bene. Assumi il miscuglio tre volte al giorno per ottenere i risultatimigliori.

Bicarbonato

Il bicarbonato di sodio è utile anche per calmare i nervi ed eliminare l'ansia.

Prova questa ricetta facile ma molto efficace:

Ingredienti:
1/3 di tazza di bicarbonato
1/3 di tazza di zenzero

Istruzioni:
Aggiungi lo zenzero e il bicarbonato di sodio all'acqua calda del bagno. Immergiti nella vasca per 15 minuti e subito dopo fa' una doccia calda. Fallo regolarmente per eliminare le tensioni del corpo.

Lavanda

L'innocente aroma inebriante della lavanda fa miracoli quando si tratta di curare l'ansia. Questa incredibile erba antinfiammatoria rilassa le cellule e riduce l'infiammazione cerebrale. Uno studio ha scoperto che quando in una sala d'attesa di ospedale veniva spruzzato dell'aroma di lavanda, i pazienti seduti risultavano meno ansiosi. Un altro studio tedesco ha stabilito che delle particolari pillole di lavanda riducevano i sintomi ansiosi quando somministrate a persone che soffrivano di disturbo d'ansia generalizzato (GAD).Se hai frequenti attacchi d'ansia, usa regolarmente la lavanda.

Ecco diversi modi in cui puoi utilizzarla:

-Riempi un infusore con olio di lavanda e sistemalo nella tua stanza.
- Acquista della fragranza alla lavanda e spruzzala in camera o tieni una boccetta dell'essenza sempre a portata di mano.
- Utilizza una lozione profumata alla lavanda.

- Oppureassumi delle pillole di lavanda per ridurre gli stati ansiosi. Puoi acquistarle nelle parafarmacie e online.

Cioccolato

In molti troviamo che il cioccolato sia molto rilassante, soprattutto quando ci sentiamo ansiosi. Ma perché è così? Beh, quando assumi del cioccolato le strutture cerebrali si rilassano e ciò contribuisce a ridurre il nervosismo e lo stress.

Ogni volta che si verifica un attacco d'ansia, i livelli di zucchero nel sangue calano, quindi assumendo qualcosa di dolce si risolve immediatamente il problema. Gli enzimi rilassanti nel cacao aiutano a stimolare le cellule cerebrali e a frenare i disturbi ansiosi. Gli esperti consigliano ai pazienti affetti da ansia di avere sempre a portata di mano delle caramelle o dei cioccolatini.

Di tanto in tanto, sgranocchia qualche cioccolatino al cacao grezzo, non zuccherato. In effetti, il cioccolato è davvero ottimo per tutti i tipi di ansia.

Alcune idee:

- Assaggia un po' di dolce al cioccolato.
- Munisciti di cioccolatini al cacao grezzo, zuccherati o non.

-Miscela del cacao a del latte freddo e goditi una bevanda al cioccolato.

Latte caldo

Il latte caldo è un antico rimedio contro l'insonnia. L'assunzione di un bicchiere in qualunque momento della giornata aiuta a domare la tensione. Questo perché il latte contiene un aminoacido noto come triptofano che contribuisce alla produzione di serotonina, la quale a sua volta migliora l'umore e promuove il benessere.

Sali di Epsom

I sali di Epsom sono ottimi contro la depressione e l'ansia. Possono calmarti durante un attacco nervoso. Quando sei stressato o ansioso, l'adrenalina nel corpo aumenta mentre i livelli di magnesio diminuiscono. Il magnesio incrementa i livelli di serotonina, la sostanza che migliora l'umore. La buona notizia è che i Sali di Epsom sono proprio ricchi di questo minerale, il che significa che possono contribuire alla produzione di serotoninae ridurre di riflesso l'ansia, l'insonnia, la depressione e qualunque tensione nervosa e muscolare. In caso di attacchi d'ansia frequenti, questi sali sono la soluzione ottimale. Fai così:

1. Aggiungi una tazza di Sali diEpsom all'acqua calda del bagno, quindi alcune gocce di olio essenziale (estratto vegetale liquidodi lavanda,bergamotto o limone).

2. Mescola l'acqua con la mano fino a quando i granelli di sale non si saranno completamente disciolti.

3. Immergiti nella vasca per una ventina di minuti.

4. Rilassati con questo piacevole bagno 2-3 volte a settimana.

Nota: diluisci gli olii essenziali con oli vegetali di cocco e oliva per evitare irritazioni della pelle. Inoltre, assicurati di eseguire preventivamente un test cutaneo, applicando l'olio essenziale (diluito) sulla parte interna della mano e attendendo quindi qualche ora per vedere se insorgono delle reazioni. Se vedi di essere irritato, non utilizzare quel determinato olio.

Balsamo di limone

L'utilizzo del balsamo di limone è un antico rimedio per alleviare gli stati ansiosi e lo stress.

Per ottenere dei risultati ottimali, assumi 600 mg di balsamo col tè, in capsule o sotto forma di tintura. Per un effetto più deciso, miscelalo a valeriana o camomilla.
Nota: assumere quantità superiori ai 600 mg può, al contrario, provocare ansia.

Valeriana

La valeriana ha potenti proprietà anti-ansia. Ad esempio, è un rilassante naturale che ha la capacità di affrontare diversi disturbi come nervosismo, isteria, insonnia e irrequietezza. Inoltre, alcune persone lo utilizzano come sedativo per uno stomaco 'nervoso'. Quindi perché funziona?
Beh, la valeriana agisce di solito sui recettori GABA del cervello, migliorandone l'attività e intervenendo di riflesso sull'organismo con un'azione tranquillizzante, alla stessa stregua di

farmaci come il Valium, ma senza gli effetti collaterali che questi solitamente comportano.

Per utilizzarla come rilassante, puoi assumerne 50-100 mg due volte al giorno. Puoi anche prendere il doppio di questa quantità circa 45 minuti prima di andare a dormire.

Suggerimento: puoi abbinare la valeriana alla melissa o alla camomilla.

E adesso diamo un'occhiata ad alcuni cambiamenti nella dieta che dovresti attuare per contrastare l'ansia.

CAPITOLO 4: EFFICACI CONSIGLI ALIMENTARI CONTRO L'ANSIA

Devi controllare ciò che mangi e bevi, perché la dieta gioca un ruolo chiave nella lotta contro l'ansia.

Mangia cibi sani.
Alimenti come i prodotti integrali (grano, orzo, grano saraceno, avena, miglio etc),frutta e verdure a foglia verde mantengono stabile la glicemia e tengono pertanto a bada gli stati ansiosi. Il nervosismo è spesso associato ad alti livelli di ormoni dello stress, il cortisolo e l'adrenalina. Questo stato è strettamente correlato a ridotti livelli di zucchero nel sangue (glicemiabassa/cali), che a loro volta sono spesso conseguenza di precedenti picchi glicemici elevati. Gli ormoni surrenali possono anche essere rilasciati in grandi quantità quando vengono assunte nicotina e caffeina. Pertanto, idealmente, sarebbe opportuno mangiare cibi che contengono carboidrati

complessi (come i prodotti integrali, vale a dire non trasformati) poiché questi forniscono energia a rilascio lento.

Bere 8 bicchieri d'acqua distribuiti durante la giornata a intervalli di 2 ore offre un ulteriore beneficio.

Evita i cibi preparati con farine bianche (torte, muffin e pane), i fritti e gli zuccheri non raffinati, poiché spesso questi causano squilibri glicemici nel sangue, rendendoti incline all'ansia.

Per cominciare la giornata in modo sano ed energico, fa' una buona colazione. Ciò ti garantirà sufficiente energia e rifornimento extra di ossigeno, riducendo così il nervosismo. Anche i medici affermano che non arrivare a morire di fame concorre a vivere una vita sana e piacevole. Al contrario, avere sempre lo stomaco vuoto può innescare numerosi problemi di salute, alcuni dei quali includono un ridotto apporto di ossigeno al cervello. E quando ciò avviene, lo stress e l'ansia aumentano.

Pertanto, fai una sana colazione ogni giorno, includendo uova, latte, frutta, succhi freschi, pane integrale e cereali. Mangia in questo modo ogni mattino per evitare di soffocare la tua mente.

Correzione della carenza di micronutrienti.

Dovremmo tutti fare delle analisi mirate a controllare il deficit di micronutrienti, poiché la ricerca dimostra che la maggior parte di noi ha un organismo carente di minerali e vitamine importanti.

Per migliorare l'umore e prevenire l'ansia, assumi molte vitamine del gruppo B (B1, B2, B3, B4, B5, B6, B7, B9 e B12). Queste aiutano le cellule cerebrali e il sistema nervoso a rilassare i muscoli, i quali a loro volta eliminano lo stress e la fatica. In particolare, la carenza di vitamina B può causare irritazione, apatia, stress e depressione. Quindi assumine in abbondanza quando ti senti stressato e nervoso. Gli alimenti ricchi di vitamina B comprendono cereali integrali,fagioli, piselli, arachidi e uova. È inoltre possibile ottenerne razioni supplementari, con la raccomandazione del proprio medico.

In generale, è opportuno che le persone affette da ansiamangino cibi ricchi di omega 3. Tra le notevoli fonti di questi acidi grassi essenziali sono incluse arachidi, pesce, noci, semi di lino, semi di canapa, avocado e uova. Ciò significa che l'olio di pesce non è solo utile per il cuore, ma anche per contrastare ansia e depressione. Un'aggiunta di omega 3 alla dieta quotidiana contribuisce a proteggerti dagli attacchi ansiosi. La migliore fonte per assumerne è il salmone d'acqua fredda, perciò cerca di consumarlo regolarmente.Io prendo ogni giornodalle 2 alle 4 dosi di pillole di fegato di merluzzo naturale. Se sei vegano, sei più incline alla mancanza di B12, perciò assicurati di assumere (sublingualmente) 500-1000mcg di vitamina al giorno.

Elimina gli stimolanti.
Io consumavo 3-4 tazze di caffè al giorno. Subito dopo averne bevuto, avevo il

battito cardiaco accelerato. Quando ho deciso di eliminare il caffè dalla mia dieta per una settimana, i sintomi sono cessati. Mi sentivo rilassato. Inoltre, ho scoperto che assumere caffè dopo le 17:00 mi creava problemi con il sonno.

A volte la risposta è proprio di fronte a noi, ma non riusciamo a vederla. Identifica tutte le sostanze che consumi regolarmente e che ritieni possanoincrementare i sintomi dell'ansia, quindi interrompine il consumo per una settimana. I principali indiziati sono comunemente aspartame (che si trova in alcune caramelle), caffeina, zucchero raffinato, glutine (che si trova nel grano e nella segale), sigarette, alcol e marijuana.

L'ansia può diminuire subito dopo l'assunzione di alcol, ma una volta che gli effetti (alcolici) svaniscono, questa ritorna in pieno vigore.

Bandisci gli stimolanti ed evita gli amici che ti incoraggiano a consumarne. Per frenare la voglia, trova un sostituto sano come acqua o tè verde. Una volta che la sostanza ti è uscita dal circolo sanguigno, dopo i sette giorni, reintroduci nel tuo organismo la dose abituale per valutarne la tossicità.

Se dopo un'ora tornano a farsi sentire i sintomi tipici dell'ansia, avrai trovato il colpevole e dovrai pertanto eliminarlo per sempre.

CONCLUSIONE

Per molto tempo non mi sono accorto che ero io a originare la mia stessa ansia. Non mi divertivo, non dormivo mai e continuavo a trangugiare caffè per tutto il giorno, con gli occhi incollati allo schermo. Ero io a permettere alla negatività di entrare nella mia vita.

Tuttavia, la buona notizia è che oggi non sono più paralizzato dall'ansia. Mi sento motivato ed energico per tutta la giornata e la mia vita è uno sballo. Grazie alle informazioni che ho condiviso con te, mi sento 100 volte meglio di quanto avessi mai potuto pensare.

Prendi il tuo problema a cuore e comincia a effettuare dei cambiamenti oggi stesso. La tua vita non sarà più la stessa. Quelle sensazioni terribili spariranno per sempre.

www.ingramcontent.com/pod-product-compliance
Lightning Source LLC
Chambersburg PA
CBHW071236020426
42333CB00015B/1496